퇴근하는 길

김현수 시집

그림과책

시집 머리에

　김현수 시인이 첫 시집을 묶는다. 시인과 마음을 가까이 하고 있는 친우들은 꽃다발을 구름에 싣는다. 그들과 같이 나도 그 일에 축하의 구름을 날리고 있다.
　김현수 시인은 경남 거제에서 났고, 월간 시사문단으로 등단했다. 김현수 시인은 많은 동인 시인들로부터 칭찬받는 시인이다. 그가 묶는 시집 제목은 「퇴근하는 길」이라 했다. 김현수 시인은 같은 길을 걷기를 원하지 않고 바다로 가는 길, 또는 구름으로 가는 길을 찾고 시우들에게 권유하고 있다.
　김현수 시인은 바다의 시인이고 만선의 깃발을 수평선 저 옷깃 열리는 하늘가에 날려보고 싶은 꿈의 시인이다. 김현수 시인은 시를 낚는 어부인지도 모른다. 바다에는 고기가 있고 우리들의 마음에는 시가 있다. 시를 풀어라 저 하늘가에 만선의 꿈을 묶어라. 시인의 마음에는 깃발을 휘날리고 있다.

퇴근하는 길은 언제나
출근하는 길보다 가깝다
　　　　　　　　　　　　　　　　　　　－「퇴근하는 길」중에서

　이 작품은 6연 27행으로 구성된 시다. 앞에 보인 것은 1연 1, 2행이다.
　출근을 출생으로 퇴근을 일생의 끝을 깊은 비유로 상징화했다. 독자들은 김현수 시인의 시를 사랑하시라. 그의 작품엔 나무, 풀, 꽃 등 그의 구름으로 호흡하고 있다.
　김현수 시인에게, 시를 낚는 어부가 되시라. 만선의 기를 날리고 내일을 바라보자.

2010년 5월
황 금 찬 〈시인〉

시인의 말

　나는 지금 길을 가고 있다. 오르막길을 오를 때는 숨이 차고 호흡이 곤란하여 심장이 멈추어 오는 압박감에 모든 것을 포기하고 주저앉고 싶지만 오르막이 있으면 내리막이 있음을 알기에 고통을 참고 정상을 향해 한 발짝 한 발짝 전진하는 것이다.
　길은 우리에게 무한한 미지의 세계를 향해 떠나라고 놓여 있는 것이다. 날마다 어김없이 반복되는 그 길이고 오늘도 나는 그 길을 따라 퇴근하는 길이다. 그 길은 매일 반복되고 같지만 인생에 있어 하루 또 하루가 지나면 다시는 돌아올 수 없는 일방통행으로 가는 과거의 길이고 일상의 시행착오들을 두 번 다시 회복할 수 없기 때문이다
　어찌 과거 아니 어제의 생각들이 오늘과 같을 수가 있단 말인가 꼭 그 길을 같은 걸음으로 어제처럼 반복하지만 날마다 감성과 설정이 다른 가슴 한복판으로 뚫린 새로운 길이다.
　일상에서 삶에 찌들고 멍든 하루를 마감하고 퇴근하는 길에 우리들은 무엇을 생각하는가. 삶이 무엇이고 가장 인간답게 사는 행위가 무엇이며 하루하루의 삶의 연속성과 그 끝이 닿는 목적지가 어디일까. 인간에 있어 삶은 무엇이며 詩를 쓰는 삶이란 또 무엇인가 온갖 고뇌의 모순 덩어리인 허구의 무거운 짐을 등에 잔뜩 지고 산에 오르는 어리석은 자가 아니던가 제 몸뚱어리 하나도 감당하지 못하면서 등에 잔뜩 짐 보따리까지 졌으니 어찌 어리석고 둔하다고 아니하겠는가 때로는 문학과 詩에 대한 함수 관계를 풀어보겠다고 일기예보도 마다않고 세찬 바람 불고 비 오는 날 고불고불한 언덕길을 지나 시궁창 냄새 나는 도시의 재개발지역 이면도로도 걸어가 보았고 비릿한 냄새 나는 이름 모를 포구에서 정광석화 같은 등대에게도 그 해답을 물어보았지만 말을 하지 않았다. 짙은 해무가 깔려 앞을 분간할 수 없는 항로 잃은 작은 고깃배 한 척은 그 등대 불빛을 보며 항로를 이탈하지

않고 아무 탈 없이 회항하여 최종 목적지인 자기가 출항한 항구에 만선으로 무사히 입항하였다만 나는 문학과 詩 효용에 대하여 막다른 벽에 부딪혀 그 해답을 찾지 못한 채 아직도 방황하며 걸어가는 두 갈림길에서 어리석고 무식하여 아직도 나침반이 가리키는 길의 출구를 찾지 못한 채 길 한복판에서 서성거리며 헤매고 있다.

 다시 U-턴하여 반환점을 돌아가자니 이미 너무 많이 걸어왔고 그렇다고 여기서 자포자기하고 모든 것을 던져버리자니 인간이 가져서는 안 될 욕심이 발끝에서 머리끝까지 생긴다는 것을 알 때, 이미 내 눈에는 길을 지나는 사람들이 비웃고 도마 위에 고기가 되고 조롱거리가 되어 손가락질당하고 있다는 것을 자화자찬으로 용납하지 않은 채 무조건 일방통행으로 앞에 놓인 길을 따라 뒤돌아보지 말고 앞으로만 진행하라는 화살표만 이 눈에 확 들어오고 있음을 알았다. 이왕 길을 나섰다고 마음먹었으니 이제 떠나야 하겠다. 세상물정을 모르는 사람은 충전의 필요성을 느끼지 못한 쓸모없다고 생각하는 방전된 건전지를 그냥 재활용 봉투에 넣어 버리고 만다. 멀고 좁은 길은 아무도 거들떠보지도 않고 쓸모도 없어 효율성이 떨어져 외면하며 이제 싫증 나서 던져버린 빙 돌아가는 비포장의 먼지 나는 길을 날마다 날마다 가슴속에 품고 가야 함을 안다. 눈앞에 잠시 보이는 이익을 두고 잔머리 굴리지 않을 것이며 구차한 변명이나 회피를 할 생각은 전혀 없다. 가슴 펴고 당당하게 도전하며 걸어가야 함을 생각한다. 쓸모없는 황무지를 개간하여 새 땅으로 일구는 개척자 정신으로 말이다.

 詩와 詩人의 존재가 손 내밀면 손에 잡힐 듯 가까이에 있는데 대중으로부터 멀어져가고 소외당하고 있는 이 각박하고 삭막한 지금의 현실을 정면으로 부인하고 외면하면서 시위하는 몸부림으로 감히 한 알의 詩의 씨앗을 동이 트기도 전에 이 봄의 황무지에 심는다. 나의 외롭고 쓸쓸하고 아무도 알아주지 않는 어리석한 이 파종이 농부가 가을의 풍성한 수확을 기대하며 밭에 씨앗을 뿌리는 것과는 맡은 대조를 이룰 것이다는 생각을 하면서도 수확하는 가을에 열매는 없을지언정 숲이라도 무성하리라는 몽상을 해본다.

　농부는 농사를 지어야 하기에 땅을 버리고 도시로 결코 떠나지 않고 있음을 이제야 알았다. 송충이는 소나무잎만을 먹는다고 했던가 詩人이란 詩를 그 삶에서 결코 놓을 수 없는 것임을 안다. 詩를 쓰는 작업은 어느 누구도 알아주지도 않는 외롭고 쓸쓸한 작업이다. 얼기설기 가시밭길을 걸어가며 발에 찔린 상처 난 곳에서 피가 나는 줄도 모른 채 詩에 홀려 걸어가는 것이다. 그 목적지가 절망과 허무인 것도 잘 안다. 그러나 그 과정에서 詩라는 새로운 유기체가 형성되어 태어나고 소멸되는 반복적인 과정임을 잘 알고 있기 때문이다.

　비록 한 구절의 영혼을 구하는 따뜻한 하찮은 하나의 시어가 단 한 사람의 모난 가슴에라도 훈훈한 온기로 다가가서 절망의 어두침침한 곳에서 탈출하여 이 세상을 밝고 보다 아름답게 바라보는 희망의 문을 열어주는데 빗장이 되었으면 하는 것이 나의 지나친 과욕일까 이런 생각을 부질없이 하는 사이 나의 퇴근길은 사랑하는 가족들이 기거하는 목적지에 다다른다.

　내일 또 반복되는 일상을 생각한다. 또 어김없이 해는 동쪽에서 떠 서쪽으로 지고 매일 지나왔던 이 길이 만유인력으로 주눅 들고 축 처진 두 어깨를 일으켜 세우며 또 퇴근을 할 것이다. 그러나 마음먹기에 따라 좁쌀보다 작은 부정과 긍정의 차이를 나는 너무나 잘 안다 생각하기에 따라 길에 가로놓인 돌멩이가 걸림돌이 되고 높이 그리고 더 멀리뛰기 위한 디딤돌이 될 수 있음

을 알기 때문이다

　내일은 또 새로운 길이 확장되고 포장되어 확 뚫릴 것임을 뻔히 알기 때문이다.

　끝으로 바깥에 내놓기가 부끄러운 옥고의 글을 바늘과 실로 정성을 다해 하나하나 꿰어 한 권의 시집으로 옷을 입혀준 도서출판 그림과 책 손근호 대표님과 편집장님 그리고 늘 높고 푸른 하늘을 보며 혼자 남은 썰렁한 관중석에서 그래도 최선을 다해 긍정의 힘을 목이 터져라 응원해준 아내 마종임 에게도 가슴 뭉클하게 고맙다고 눈시울을 적시며 말하고 싶다.

2010. 5월
퇴근하는 길목에서

김 현 수

■ 시집 머리에
■ 시인의 말

제1부

앞이 보이나요

시인과 가을　14
막걸리 빈병　18
목석원에서　21
떠나가는 배　22
사랑하기 때문에　23
웃음에 대하여　24
속 빈 강정 같은 사람　25
10원짜리 동전의 고백　26
앞이 보이나요　30
가을 밤, 그 늘어진 그림자 아래에서　32
백미러와 거울　34
촛불시위　36
표충사 계곡에서 보내는 친구의 편지　37
정자 해변에서의 뜨거웠던 하루　38
경주 남산에는 목 날아간 돌부처가 있다　40
어부의 꿈　42
나무와 그늘　43
사랑수첩　44
등하굣길　45
지금은 버려진 땅　46
초생달을 바라보며—우루과이 라운드　50
영수야 영수야　53

제2부

사모하는 마음

고백 1·2   60
고백 3·4   62
고백 5·6   64
고백 7·8   66
어느 가장과 가로등의 관계식   68
울기등대 가는 길   70
사모하는 마음   72
요즘 하늘은 우중충하다   74
최고의 자격   76
특명, 멸치를 세워라   80
나의 시에는   82
시인과 사람   83
詩를 생산하라   84
좌향좌 우향우   86
그리운 그믐날 밤   88
여자와 남자의 차이   89
나는 행복합니다   90
또 한해를 보내며   92
단종, 이제 잠들다   94
언어의 유희   96
긍정의 힘   97
일출만이 아니라 일몰도 있다   98

제3부

그 섬에 가고 싶다

己丑年 새해 福의 유감 102
한국 찌아요팀 103
십 년 만의 외출 104
술과 물 106
양심을 파는 사람 107
띵꾸 이야기 108
어찌보면 이기주의자 110
빈 여백 111
소망 112
들리는 소리 113
선탠한 남자 114
봄 116
무제⟨1⟩ 117
믿을 수 없는 세상 118
별별 여자 120
거제도 122
그 섬에 가고 싶다 123
차이가 있나요 124
제 눈에 안경 125
무제⟨2⟩ 126
e-디지털 시대 127
지금 경제는 안 좋다 128

제4부
퇴근하는 길

봄비 내리는 날에 132
보리밭을 바라보다 133
이천 갯마을 이야기 134
간이역 138
인생〈1〉 139
좌천역에서 140
죽성리 황학대 142
밤길 144
부엉이 바위에 오르다 146
사랑의 연속성 149
거제 예찬 150
의사와 상인 152
저기 길이 있네 154
가난하게 산다는 것 156
담쟁이넝쿨을 보며 158
기다리기 160
후회 161
사탕과 사랑에 대하여 162
육교가 있는 풍경 164
천재와 바보 166
태양을 향해 날자 167
퇴근하는 길 168
우리 어머니 170

제1부

앞이 보이나요

시인과 가을

가을이 성큼 다가오면
시인은 또 치유되지 않는
불치의 병을 앓아야 한다.

찬 바람이 일고
창문 길게 드리운 발을
다락방에 둘둘 말아
올려놓을 때쯤이면
어김없이 도지는 계절병이다.

해마다 가을이 오면 시인의
알레르기성 피부에는 콩알 만한 게
겨드랑이에서부터
저 깊숙한 사타구니까지
전신에 두드러기가 생겨
어디 가만있질 못한다.

지나간 화첩을 뒤적거리며
몽마르뜨 언덕 위의 벤치에 앉아
플라타너스 잎 하나

대각선으로 떨어지는 하찮은 것 하나에도
큰 의미가 부여되었던
과거로 돌아가 보아도
주택가 빈 공터에서
반쪽난 청기와 한 장을 주워
온 몸을 문질러보아도
뼛속까지 스며든 두터운
방랑의 벽을 허물지는 못한다.

낙엽 밟고 바스락거리며
가을이 오는 소리에
가을이 오는 소리에
어느 영화 속의 애마부인처럼
파자마 바람으로
즐겁고 무지개처럼 아름다웠던
사념의 세계로 가는 것이다.

지금은 죽은 소녀의 손을 잡고
회상의 풍경을 바라보며
억새풀 하얗게 하늘거리는

언덕을 내려올 때
그림자는 길게 늘어져 있었고
반복해도 싫증 나지 않는
사랑을 말하고 있었다.

지금은 다 도시로 훌훌 떠난
폐허가 된 동네를 바라보며
그저 눈을 감으면
왠지 눈물이 막 나온다.

풀벌레 울음에 소스라치게 놀라
소녀는 가고
때아닌 홍수로

강물은 불어나서
발목을 차오른다.

중부지방 억수 같은 비!
또 많은 이재민이 생기고
또 사람들이 죽어갈 것이다.

시인의 가을은 올해도
슬픔은 더해만 간다.

그래
내년에도 또 어김없이
가을은 반복되고
인생은 짧은 것

낙엽이 매몰된 땅속에는
불변하는 화석이 되어
뼈아픈 과거사를 후세인들에게
세세토록 전해줄 것이다.

천사처럼 살다 죽은 소녀와,
가난하면서도 끝끝내
진실하게 살다 죽어간 사람들과,
가만히 있는 땅덩어리가 쓸데없이
빙빙 돌아간다고 말한 갈릴레이와
시인의 하찮은 가을 이야기도…

막걸리 빈병

발로 툭 차서
풀섶에 처박힌
막걸리 빈병

세상구경 하고파
몸부림 치다 바깥으로
기어 나오면

원통형이라
경사진 아스팔트길 따라
데굴데굴 굴러다니다가
시궁창에 쿡 처박혀
온 몸이 상처투성이
만신창이가 되고

한창
전성기 때는 애주가들에게
인기순위 1위였지만

수요와 공급이

균형을 이루지 못해
자야, 손님 취하셨어
맹물에 쌀뜨물하고
소금 좀 섞어

이런 말을
할까 말까
망설이고 있을 때

포문을 열 듯
주류시장은 개방되고
소위 상류층이라고
스스로 팔자걸음으로
자칭하는 사람들은

초미니 아가씨가 있는
까아페로
꼬부랑 간판의
룸 살롱이라는 곳으로
발길을 다 돌렸다.

쟁기로 밭 갈다가
촌로의
구릿빛 얼굴 수염 적시며
새참으로 쭈욱 한잔
갈증도 푼다.

빈 막걸리 병은
잘 보관해 두었다가

풍성한 가을
추수할 때 잘 여문
씨앗 담는
그릇도 하고.

목석원에서

오랜 세월 눈보라
거친
비바람에도 떡 하니 버티고 있다.

고갯마루 쉬엄쉬엄 오르다 보면 한라산.

이것은 넋이 나가 하늘을 보고 있고
저것은 고개 떨구어 땅을 보고 있다.

세상은 어지간히 빨리도 변한다.

천둥 치는 날에는
곰보딱지 내 얼굴
흰 눈으로 화장을 하자.

바람 소리여, 새들의 조잘거림이여!
말라 비틀어진 가지에
새순 하나 비집고 나올 때
등굽은 괴목 하나는 우울증을 앓고 있다.

떠나가는 배

All station standby

    부~웅
    부~웅
    부~웅

항구를 떠나는 배가
뱃고동을 불고 있었다.

머무르고 싶은 미련 때문에
되돌릴 수 없는 과거 때문에
끈끈하게 들리는 뱃고동 소리
과거와 현재를 단절하는

긴-

이별의 동앗줄을
바다 위에
던지고 있었다.

*현대자동차〈주〉 수출선적 부두에는 하루에도 수십 번 수출차량을 실은 선박이 항구를 출항한다.

사랑하기 때문에

벽에 못 박는
소리가 아닙니다.

    쿵
     쿵
      쿵

당신을 사랑하기 때문에
심장이
박동하는 소리입니다.

웃음에 대하여

세상 물정 모를 때
자기를 해코지할지도 모를
사람이 와도
싱글벙글
어린아이의 함박웃음

잘난척하며 다니는 사람을
손가락질하며 꽁무니에 숨어
비꼬아 웃는 비웃음

봄의 전령
하얀 목련꽃 봉오리처럼
터질 듯 말 듯
응어리진 마음을
살살 녹이게 하는 환한 미소

속 빈 강정 같은 사람

전남 신안군에 살고 있는
H라는 시인은
입과 손이 불편한 선천성으로
한쪽 발로 詩를 써
사람들을 따뜻하게 감동시키고,

경북 청송군에 사는
K라는 시인은
손발이 불편한 후천성으로
입으로 詩를 써
사람을 눈물로 울먹이게 하네

육신이 멀쩡한 나는
날마다 날마다
양손으로 詩를 쓴다고
흉내 내지만
다른 사람의 마음을
눈곱만큼도 미동시킬 수 없는
속이 텅 빈 강정이네.

10원짜리 동전의 고백

나는 10원짜리 동전입니다.
예전에 나는 참 잘 나갔습니다.
아침 출 퇴근길
추운 겨울 버스를 탈 때도
청바지 입은 20대 아가씨에게도
와이셔츠 입은 30대 아저씨도
나를 꼬옥 감싸 안고 다녔습니다.

영하의 날씨에도
따뜻한 사랑의 온기를
느낄 수 있어 정말 행복했습니다.
어쩌다
실수로 나를 놓쳐 데굴데굴 굴려
하수구로 떨어지는 것을 막기 위해
온몸을 던져
나를 구해 주었습니다.

나는 집에 갇혀 있는 게 싫었습니다.

봄에는 진달래와 철쭉 놀이도 갔고요.

여름에는 100만 인파가 모인다는 부산 해운대
해수욕장에도 갔습니다.
비키니 입은 아가씨의 S라인 몸매도
시원하게 가자미 눈으로 감상했습니다.

가을에는
단풍이 좋다고 소문난 내장산에
묻지마 관광버스를 타고 갔다 오고

올겨울에는 강원도 쪽에
스키를 타기 위해 주말에
예약해 놓았습니다.

그런데요
할 말 있습니다.

원가 절감한다고 나를 다이어트 시키데요?
무거운 동으로 만들어 주더니만
몸무게를 반으로 뚝 잘라

재질도 알루미늄으로 바뀐 뒤로
혹시 실수로 길바닥에 떨어지는 날엔
나의 몸이 상처투성이로
만신창이가 됩니다.
얼굴과 몸뚱어리의 타박상으로 인해
붕대를 칭칭 감고 다닙니다.

언제부턴가
우리 주인님의 마음이 변했습니다.
퇴근 후 곧바로
주머니 속에 나를 넣어둔 채
세탁기에 휙 던져 버리는 탓에
숨도 제대로 쉬지 못하고
어지러워 혼이 났습니다.
하지만
덕분에 공짜로 시~원하게
묵은 때를 벗겨 냈습니다.

그 이후로는
아무 이유없이

밀폐된 빨간 플라스틱 통에
나를 감금하고
제멋대로 무기징역을 선고했습니다.

그래도
우리 주인님께 감사합니다.
그동안의 옛정이 남아
천장에 손톱만한 숨구멍을 뚫어 주었습니다.

오늘도 저는
그 숨구멍을 통해
한 줄기 빛을 들이마십니다.

* 주인님이 외출한 10월 어느 날에

앞이 보이나요

30여 년 전
7월 둘째 주 월요일 아침
전교 조례시간

키 큰 사람은 앞에 서고
키 작은 사람은 뒤에
일렬종대로 섭니다.

한여름 뙤약볕
장장 30분이 넘는
교장 선생님 훈시

앞이 보이나요
공자님 말씀 귀에 들리나요

빙빙 도는 노오란 하늘을 보며
윙윙
귓전에 맴도는 벌레 소리

과거로 U-턴하는 길목에서

출발을 못해
뒤에서 빵빵거리는
자동차 경적소리에 놀라
또다시 브레이크를 밟는
오늘…

가을밤, 그 늘어진 그림자 아래에서

희미한 달빛 길게 늘어진
그림자 아래에서
가슴앓이를 하며 밤이 다하도록
흰 백지 위에
수취인 불명 반송용 봉투에
연서를 쓴다.

사르륵
사르륵
흑백 속에 지나온 과거들은
이 가을밤
무슨 생각을 하고 있는 걸까

아까운 삶이
폐혈증으로 야위어 가는
창백한 상념들 -

그가 길게 잠든 고요 속에
목이 쉰 짝 잃은
외톨이 풀벌레 소리

애절한 사랑과
긴 이별의 상처들이
가을 달빛을 내려놓는다.

백미러와 거울

내리막길을 달려옵니다.
30km/h. 40km/h.
이제 50km/h의 탄력이 붙습니다.
여유도 없이 달려왔습니다.
이러다가 빨간 신호등에
급정거를 한다면
집체만한 큰 화물차가 뒤에서
들이박는 추돌사고라도 날 것입니다.

나의 작은 이익만을 쫓아
분주하게 이리 뛰고 저리 뛰며
달려왔습니다.

작은 연못에서 갈증이 나
물을 먹는 하찮은 초식동물들도
반추하듯
자신의 모습을 비춰볼 것입니다.

이제는 내리막길을 내려오다
커브 길을 돌 때쯤

속도를 줄여 백미러의 거울을 볼 것입니다,

그 옛날 궁궐에 커다란 물동이인
드므라는 것을 놓아
자신의 모습을 비춰보고 반성했듯이

백미러와 거울!
원래 그 기능에 대해 알지 못하고
오늘도 잘난 척하며 과속하다가
무인카메라에 걸려
속도위반 통지서가 하나 날아왔습니다.

촛불시위

값싼 쇠고기가 수입됩니다

말 나온 김에 30개월 이상
미국산 쇠고기 수입에 대해
어떻게 생각하나요

나는 그것을
드러내 얘기하는 것 자체가
다른 사람들에게 자신의 생각을
강요하게 될 수 있다고 생각합니다

말을 할 수 없지만
자기 몸을 태워 세상을 밝히는 촛불

오늘도 광우병 예방을 위해
쇠고기 수입에 반대하며
거리에 몰려든 군중들

경찰 추산 5천 명!
주최 측 추산 5만 명!

누구 말이 옳은지 알 수가 없네

표충사 계곡에서 보내는 친구의 편지

10년이면 강산이 변한다고
그건 순 거짓말이네.

석양길 그림자처럼
나무는 길게 자랐어도
떡 버티고 있는 저- 산은 그대로이네.

세월이 강물처럼
기암계곡을 따라 굽이쳐 흘러가네
모래실의 우리가 가지를 쳐
1개 소대병력으로 붙었네.

불혹의 구릿빛 얼굴,
변함없는 끈끈한 우정은
예나 지금이나 그대로이네

밤하늘의 영롱한 별빛 또한 그대로이네.

정자 해변에서의 뜨거웠던 하루

태양이 뜬다는 것
태양의 신 아폴론이 불의 전차를
끌고 나오기 때문이다.

하늘을 보았다.
아폴론이 온통 불에 휩싸인 전차로
하늘을 누비고 있었다.

형형색색으로 변한
황홀한 색채의 향연

물속에서 튕겨 나온 태양은
저 넓은 바다로도 식힐 수 없는 걸까

위선과 거짓으로 똘똘 뭉친
나의 자화상을 바다에 던져도
희석되지 않고
응어리져 풀어지지 않는
물과 기름 같아라.

태양이 뜨거울 때
내가 정자 해변을 찾는 이유는
내 안에 있는 불에 휩싸인
전차를 끌어내기 위함이다,

경주 남산에는 목 날아간 돌부처가 있다

돌이 부처가 되고
부처가 돌이 된다

엊저녁 자정쯤
천지가 진동하고
천둥이 치더라

키 작은 왜놈이 그 틈을 타
앉아 참선하는
부처의 목을 싹둑 잘라
산속으로 줄행랑쳤다

내가 여기 눈 감고
가만히 앉아 있어
목을 감쪽같이 도둑 당했다

그래도 자비하는 넓은 마음으로
모든 것까지도 세상을
용서하리라

비가 와도 눈이 와도
안으로 참으로 속으로 견디며

신라의 부흥을 위해
백성의 안녕을 위해
천 년을 하루같이
이 남산에 떡 버티고 있는
파수꾼이 되리라

어부의 꿈

어부는 어선을 타고
바다로 가네

어군을 발견해
가슴을 쓸어내리는 동안
안으로 어둠이 밀려와도
만선의 부푼 꿈 숨기고 있겠지

늘 처음인 것 같지만 나중인 바다

바다에 들어서면
푸른 바다가 까맣게 되고,

오늘도 어제처럼
그물에 걸려오는 것은
무거운 세월뿐이지만

어부는 바다에 누워
밤하늘의
촘촘한 별을 빨아 들인다.

나무와 그늘

바람도 쉬어가는 그늘이다.
나무야 너는
피곤하지 않니
네가
그곳에 차려자세로 서 있는 동안
너는 다리 아파 힘들지 몰라도
나는 너의 그늘아래에서
영혼을 달래며 쉰다.

사람보다
남을 배려할 줄 알고
넉넉하고 인정 많은 나무야
너는 사람보다 아름다워!

살아간다는 것이
늘 훈훈한 베풂이 없고
받는 것에 즐거운 사람아

오늘은 왠지 너의 서늘한
그늘 아래에서
세상을 탓하며 울고 있다.

사랑수첩

글씨가 보이지 않았다.

사랑은 연필로 쓴다기에
그 말을 듣고
연필로 썼더니만
글씨가 보이지 않았다.

사랑을 왜 연필로 쓰라고 했을까

오늘 퇴근길 블록 담벼락에
"철수야 너 사랑해"
삐뚤빼뚤한 유치원생 글씨!

골목길 어귀에서
상급학교에 진학 못한
그 키 작은
여학생의 흐느낌을 보았네

앨범 속 흑백의 그리움이
하늘에서 내려와
길 앞을 가로막네

등하굣길

시오리 등하굣길을
비가 오나
눈이 오나
도보로 걸어 다녔지

검정 고무신 안으로
모래며 자갈이
늘 튕겨 들어와
엄지발가락이 다
허물어지고

움켜 멘 책보따리엔
김칫국물이 스며들어
교과서는 퉁퉁 불었고

보리밭 따라
지름길 달음박질치는 날엔
도시락 안에서 양철 김치통이
달랑달랑 소리를 내며
따라다녔지.

지금은 버려진 땅

저 산등성이를 빙 돌아
등 너머에는 밭이 있었다.

지금은 돌아가신 할아버지께서
비가 오나 눈이 오나
괭이와 끝이 뭉툭한 삽 하나로
새벽부터 밤늦게까지
진한 구슬땀을 흘리며
거미줄처럼 얽힌 나무뿌리와
돌멩이들을 치워가며
밭을 만들었다.

한때는
고구마 심고 또 한쪽 이랑에는
콩을 심고 수수도 심어서
가을이면
마당에 척 깔린 멍석 위엔
오곡이 풍성해서
논이 작은 우리지만
천석꾼도 부럽지 않았다.

한여름의 긴긴 가뭄으로
고구마 잎은 메말라 가고
요소 비료부대에 물을 넣어 짊어지고
산등성이를 오르내릴 때는
그 먼 곳에 밭을 만든 할아버지를
속으로 한없이 원망했고
차라리 먹지 않고 굶는 게
더 낫다고 투덜거렸다.

땅은 거짓말을 할 줄 몰라
내 너희들에게 물려줄 것은
등 너머 밭 500평.
더 일구고 잘 가꾸어서
선대부터 내려온 가난의 한을 풀고
남 부럽지 않게 살아야 한다는
할아버지의 그 마지막 유언.

넷이나 된 손자 녀석들은
다 도시로 도시로 돈을 벌러

뿔뿔이 떠나고 말았다.

설날 아침
산책을 하는 길에
등 너머 밭을 횡하니 지나가던 중
그곳은 엉겅퀴와 잡풀과 칡넝쿨로
산인지 밭인지
경계선조차 분간하기 어렵게
한 5년은 묵어가고 있었다.

우리 밭도 그 주변의 다른 밭들도
흔적조차 없이 소멸되어 가고 있었다.

내 이 밭으로 돌아올 날은 아직도
아득하고 아무 기약 없는데
그때쯤이면 한 뼘인 이 소나무가
내 키를 훨씬 넘을 것이다.

짐승도 죽으면 머리를
태어난 곳으로 둔다는데

나도 언젠가는 고향으로 돌아가
그 밭을 내 아들이랑 둘이서
다시 일구어서 유자랑 밀감나무 심어
할아버지가 그 옛날 그 터에
밭을 만들었던 이야기들을
내 아들에게 대대로 전해 줄 것이다.

초생달을 바라보며
−우루과이 라운드

말더듬이 세 살 난 설화는
서쪽 하늘에 걸린
초승달을 바라보며
바나나라고 했다

우루과이 라운드로 인해
농산물 수입은 개방되고
팔뚝만한 바나나가
과일 전에도 리어카 행상 가판 위에도
산더미처럼 쌓여
뒹굴고 있었다.

우리 어릴 적에는
노랗게 허리가 휘어져
드러누워 있는 희한하게 생긴
그 과일의 이름을 까맣게
까맣게 모르고 그냥 유년을 보냈었다.

시대가 변하고
씨앗을 뿌리고 그 위에 타원형

비닐로 덮어
저 남쪽지방 사람들은 바나나를 심어
지붕개량도 하고
꼬불꼬불한 돌담을 헐어
일직선 블록 담도 쌓고
깜둥이 서울로 유학 보내는데
별로 힘들이지 않고
텃밭의 바나나 나무 몇 그루로 족했다

또 세월이 얼마쯤 흐른 후
바나나 나무는 키를 넘었고
주렁주렁 탐스럽게 달린
열매를 바라보며
부푼 꿈을 꾸던 어느 날

바다 건너 이국에서
집체만한 큰 배에 바나나를 산더미처럼 싣고
기적소리를 내며
닻을 내리던 날부터
판로는 잠식되고

급기야 이웃의 영철이네는
덩그런 비닐하우스만을
남겨둔 채 도시로 떠났고
우린 어쩔 수 없이
배운 게 도둑질이라
밤새도록 끌어안고
긴 한숨에 통곡하며 울었다

설화는 아무것도 알지 못하고 있었다
그저 활처럼 휘어지고
꼭 초승달 같은
바나나가 꿀맛이었다.

산책을 마치고 다시 집으로 되돌아올 때
초승달은 희미한 빛을 발하며
옥녀봉 아래로 떨어지고 있었고
세상물정 모르는 설화는
어깨 위에서 새록새록 잠들고 있었다.

영수야 영수야

한번 가면 영영 돌아오지 못할
길고 험한 길.

그것도 자다 말고 일어나
부스스 그렇게 떠나 버리면
어디 여비라도…
길 가다가 허기지면
요기라도 해야 하고
이 엄동설한 밤 공기는 춥고
길바닥이 얼어 미끄러운데
파자마에 맨발로
서둘러 떠나니
걸어가다 걸어가다가
어디 골목길 모퉁이에서
영양실조에 동상으로
얼어 죽지나 않을는지
걱정이 태산 같아
저만치 하늘보고
발만 동동 굴러보네

그 옛날 어릴 적
학교 파한 반공일날
소나무에 올라가
솔방울을 따서 먹고
널빤지에 촛질을 해서
경사진 묘등을
굽이쳐 내려오며
미끄럼 탈 때
설날에 막 사입은 때때옷이
나무 끄트머리에 걸려
찢어지던 날 저녁
옷이 아까워 엉엉 울던
그 모습이 아직도 생생하네

몸서리나게 가난했고
가뭄이 한 반년은 계속되어
나무와 풀들이 말라
진한 회색빛으로 변하던
무더운 여름날
양철 냄비에 얄팍하게 담은 보리밥을

서로 많이 떠먹기 위해
수저로 경계선을 긋고
밥상 위에서
토닥거리며 비틀어지고
또 화해하고
때론 등 돌리고
또 포옹하며
지내왔던 과거사를
성년이 된 지금까지
진한 보랏빛 추억으로
퇴색된 흑백 사진첩 깊은 곳에
꽂아 놓고 지내왔네

하루 이틀도 아니고
시린 손 호호 불며
매서운 바람 시퍼런 칼날 되어
휙휙 사람을 난도질하고
희희덕거리며 지나가던
그 혹한의
한 겨울 속에서도

털 잠바를 벗어주며 지내왔던
삼십성상의 오랜
형과 아우의
끈끈하고 질긴 끄나풀을
일방적으로 너무 쉽고 허무하게
툭, 툭
끊어 버리니
세상에 이렇게 슬프고
매정할 수 없네

이 암울하고 길고 긴
겨울의 터널을 지나면
종달새 쫑알거리고
또 플라타너스 잎은
파랗게 살아
살아 너울거리고
사계는 돌고
지구도 덩달아 도는데
한번 멋모르고 건너면
다시는

다시는
되돌아오지 못할
요단강을 첨벙첨벙 건너는
너의 뒷모습만 바라보며
손짓하며 목 놓아 불러도
하염없이 애원해도
들은 척 만 척
윙윙거리는
메아리뿐!
너는 뒤를
한 번만
한 번만이라도
뒤돌아보질 않네

너가 훌훌 떠난 지금
형의 오른쪽 가슴에는
이 세상
살아가는 동안 끝까지
그 아름다운 추억들과
늘 같이 살아온

만남의 인연과

활활 타오르는 불꽃이

생명의 꽃으로 승화되어

이 세상 끝까지

가슴속에 살아

꿈틀거릴 것이고

난 너를

보물상자처럼

고이

고이

가슴 깊숙이

때묻지 않게

하얗게 묻어 두고

내일도

모래도 그렇게

살아갈 것이네

영수야

영수야

* 이 시는 현대자동차(주) 생산관리4부에 근무하고 있는 형님이 동회사 의장2부에 근무하다가 지난 91년 12월 22일 퇴근길에 불의의 교통사고로 영면한 동생 김영수(31)를 위해 절규하는 아픈 마음으로 쓴 시다.

제2부

사모하는 마음

고백 1·2

1

나는
나의 고민이나 생각들을 남에게 감히
털어놓지 못합니다
비밀스런 마음들을
고백하지 못합니다
개인의 프라이버시…

가족
사회에 미치는 영향이나 우울증
사회적 이슈인 날로 늘어만 가는
젊은 베르테르의 죽음 같은…

2

연탄불 자살 도미노 현상
(유명 남우가 차안에서 연탄불을 피워놓고
생을 마감한 중앙일간지 사회면 특종보도 기사읽음)

97년 소위말하는 노동악법이
국회에서 갑론을박 할 때
(노동자의 기본3권-단결권. 단체교섭권. 단체행동권임
공무원 조직에는 단체 행동권이 없죠?)

데모로 온나라가 떠들썩하고
노동자들은 자기의 주장과
당위성을 표현하기 위해
거리로 나가고
차도에는 통행하는 차량보다
사람들로
인산인해를 이룰 때
우리 가족은
그나마 하나님의 축복속에
15평 아파트 복도식에서
배로 늘린
유명메이커가 건설한
계단식 32평(지금은 40평)
태화강물이 굽이쳐 돌아오는
천하명당 14층으로
이사를 하였습니다.

고백 3 · 4

3

고백합니다
이사 오는 날 숙취해소를 위해
단지 내 상가 약국에서
아내보다
서넛는 어려보이는 여약사가
첫눈에(약 3초~)
가슴으로 꽂혔습니다
내 나이 불혹을 넘겨
나를 알고 주변을 알고
세상을 분간할 나이인 줄 몰랐습니다.

IMF 구제금융으로
온 나라가 시끌벅적하고
눈높이를 낮춘 사람
실업자와 노숙자
그리고
허리띠를 졸라맨 사람!
본의든 타의든
도시에서 살다가

성공확률 2%
6시 내고향 인기코너
귀촌 일기
가만히 생각해 본다.

4

저는요
귀촌하여 성공한 사람들을 보면
때로는 따라 하고 싶다는
충동을 느끼지만
그렇게 할 수 없습니다.
왜냐하면
내 고향 사곡에서 김현수에 대한
기대심리가
다른 사람들하고 틀립니다.
우리 어머니는 찢어지게 가난한
빈농의 집안으로 시집와
모진 고생하며 제 새끼들을
살신성인하는 심정으로 키웠습니다,
나는 장남이기에 잘 압니다.

고백 5·6

5

거두절미하고
그때 아파트 단지의 약국,
앞에서도 말한
여약사를 보았을 때
나도 모르게
가슴이 찡했습니다.

진정한 시인은
거짓말을 하지 않습니다.
나는 국어국문, 문예창작 등을
전공하지 않아
사실 어떤 시가 운문인지
혹은 산문인지
구분하지 못할 때가 많습니다.
그러나
대한민국 중앙문예지에 등단한
어엿한 시인입니다.
시인은 진실하여야 하고
나는 그 길을
따라갈 것입니다.

시인은 거짓말을 하지 않습니다.

6

우리나라
자유와 평화를 위해
자신의 고귀한 삶과
가족을 뒤로하고
명예 없이 국립현충원에
안장된 최 이등병!
또 국방부의 발굴조사단에
의해 아무리
과학적으로 노력해도
밝혀지지 않는 K 무명용사!
지금 나는
아무도 모릅니다.
내가 투자한 주식이
어제도 오늘도
계속 떨어져
반토막이 나고 있습니다.
깡통 차면 누가
책임지겠습니까?

고백 7 · 8

7

열심히 살겠습니다.
합격할 것이라고
꿀떡같이 믿었던
자랑스런 우리 딸이
모 대학 수시에서
미끄럼틀 탔습니다.
인생의 배움에는
끝이 없는 것!
인생은 무한한 미지의
세계에 대하여 도전하고
때로는 실패하고
성공하는 한 과정이라고
생각합니다.

나는 불굴의 의지와 투지로
반성하고 노력하는
8전 9기의 인생을
살아갈 것입니다.

오뚝이처럼…

8

얼굴에 두꺼운 철판을 깔고
나의 자존심, 교만함
모든 것에 불만족했던 생각들

다 내려놓고
진정으로 새 삶을 위해
다시 출발하며
제2의 인생을 살 것입니다.
지천명이란 단어가 뭐죠?

질문합니다
답변 부탁드립니다

나는 아는 것보다
모르는 게 많은
무식한 시인입니다.

어느 가장과 가로등의 관계식

굵은 햇살이 굴절하는 모서리에 앉아
삼삼오오 조잘거리던 군상들은
일상을 눕힐 공간을 찾아
도시의 거리 뒤로 숨바꼭질을 하듯
썰물 되어 숨었다
졸지에 술래 된 가로등은
육신을 지탱하지 못한 채
얼룩진 땀에 절어
혓바닥 내밀어 고개 떨구고 지쳐 있다

일상의 무거운 짐
훌훌 벗어 던져야 한다
또 월말이면 어김없이 날아오는
아파트 관리비, 공과금, 납부고지서로
입에 풀칠하라는 가위눌림에
발걸음이 무겁네

거짓이 진실로 변하는 마술사의
속임수를 믿을 수 없다는 생각!

삶의 무거운 어깨는
외톨이가 된 가로등에 걸려
아스팔트 길을 껴안는다
가장의 어깨가 가로등 부리에 걸려

울기등대 가는 길

울기등대 가는 길
해풍에 리듬 탄 소나무
오늘도
물질하는 해녀 휘파람 소리에
굿거리장단 맞춰
갈매기 먹이 물고
어깨동무하고 춤추며
나를 따라오네

끼룩
끼룩
끼리룩
무리지어 하늘로 솟아오르네

허영과 탐욕의 옷을 벗어 던지고
내면의 거울을 보며
환하게 웃는
일산지 은빛 모래는
초록 바다에 반사되어 빛나네

울기등대 가는 길

이 길에 들어서면
일상의 찌든 영혼
갈기갈기
바람에 흩날려 보내고-

사모하는 마음

둘이 늘 가까이 있을 때는
모르고 모르고만 지내온 나날
모내기 일손을 메우려
한 보름 동안 이렇게 떨어져 있으니
그리움이란 게 썰물처럼 밀려오고

불 꺼진 창문을 바라보며
느지막이 퇴근하는 날엔
왠지 가슴이 텅 비고 썰렁해서
골목길 어두운 그늘에서 서성이며
총총한 밤하늘의 별을
헤아리고 있었다.

한번 호박꽃은 영원한 호박꽃이라고
입버릇처럼 말을 하며
음식 맛이 짜네 싱겁네
바보처럼 생선은 물 간 것을 사서
구리한 냄새가 나고
쓰레기통에 곧바로 집어넣을 때는
속으로 한없이 미웠고
감각이 외출 나갔다고 투덜거렸다.

외톨이가 되어
떨어져 있어봐야 그리움을 알고
봄이 오는 길목에서
무리지어 노랗게 핀 개나리처럼
자연의 위대함에 탄성을 하듯
나는 오늘
아내에게서 봄내음의 풋풋하고
진한 그리움의 냄새를 맡는다

메아리 언덕 너머로 질 때
굵디굵은 은빛 햇살이 쏟아져
강아지는 문간 쪽을 바라보다 지쳐
잠든 사이

나무꾼의 선녀되어
살포시 소리소문없이 돌아올
당신을 위해
신선하고 듬뿍 사랑하는 마음
잘게 부수어
하얀 안개꽃 한 다발
꼭 묶어 주고 싶은 오늘 오늘.

요즘 하늘은 우중충하다

산업사회의 바람이 불어
동천강 건너 저쪽에는
괴물 같은 공장이 들어섰다.

선대부터 그 터를 농사 하나로
대물림하며
신선처럼 살아온
동네 사람들은
두툼한 보상액을 거머쥐고
희희덕거리며
도회지
도회지로 장사한다며
뿔뿔이 떠났다.

염색공장도
정유공장도 삼백육십오일 쉴새 없이
시곗바늘처럼 돌아가고

날씨가 꾸무리했던 엊저녁엔
어디엔가 심한

간장 다리는 듯한 냄새가 나더니
날이 밝아 조간신문
동천강에는
붕어와 피라미가 떼죽음하여
시체로 떠올랐고
오밤중에 몰래 버린 폐수로 인해
카멜레온 같은 사람들은
또 굴비처럼
줄줄이 잡혀갔다.

우중충한 오늘
금방이라도 빛바랜 하늘에서
주르륵
산성비가 올 것 같다.

과수원에도
장독대 위에도
해맑은
우리 설화 얼굴 위에도.

최고의 자격

길바닥에선 사람들이 굶어 죽고 있는데
경제학이론이 무슨 소용이란 말입니까
하루 종일 손으로 만든
대나무의자의 가격
방글라데시 돈 5타카 50페이사
그 중 5타카로는
고리대금업자에게 빌린
원금과 이자를 갚고
50페이사(약 40원)만을 가지고
집으로 돌아가는 사람들-

하루에 10%
무섭게 불어나는 이자
그리고
이를 목격하는
한 경제학자

강의 시간에는
몇백 만 달러가 왔다갔다하는데
지금 내 눈앞에서는 단지

몇 백페이사에
삶과 죽음이 걸려 있는 것이다
그가 달려간 곳은
방글라데시의 은행

"가난한 사람들에게 돈을 빌려주지 않는 이유가 뭡니까?"
"그야 가난한 사람들은 담보가 없기 때문이지요."
"빌린 돈을 갚기만 하면 되지 왜 담보가 필요합니까?"
"그게 규칙이니까요."
"아 그래요?! 그럼 규칙을 바꾸면 되겠군요."
직접 은행을 설립하는 유누스

그 은행의
새로운 규칙
담보
필요 없음
신원보증
필요 없음
최고대출액
150만 달러 미만

돈을 빌릴 수 있는 자격
하위 25%

"우리은행에서 돈을 빌리기 위해선 가난하다는 것만 증명하면 됩니다."
　대출을 받을 수 있는 최고의 자격
　가난

　150달러도 안 되는
　적은 돈으로 마련하는
　중고 재봉틀 한 대
　송아지 한 마리
　음식을 팔 수 있는 손수레

　가난에서 벗어나기 시작하는
　사람들

　그리고
　원금회수율 98%

2006년
무하마드 유누스와
그라민 은행은
노벨 평화상을
수상한다.

특명, 멸치를 세워라

바다가 보이는 새벽
무소의 뿔을 잡고
바다로 간다

새끼 가방끈을 위해
오늘도
바다 바다로 달려나간다

머리채 잡혀도
결코 물러설 수 없는 바다

세상살이
이리 엉키고 저리 엉켜
아무리 발버둥쳐도
결코 가난의 굴레는 벗어날 수 없제

새끼들한테
이 지독한 가난을
대물림할 수 없는 게
이 애미의 심정!

어젯밤 꿈에
멸치를 세워야 한다는
특명을 받았제

찢겨진 치맛자락 잡고
솟구치는 울음 참으며
미이라처럼 관 속에서
수백 년을 드러누워 있는 멸치를
포대에서 일으켜 세워야 한다

멸치가 생명을 찾아
살아 움직이며
바다로 헤엄친다

내일 밀린
새끼 월세금 갖다 주리

살기 위해선 할 수 없제

나의 시에는

나의 시에는
진실성도 없고

나의 시에는
생명체도 없어
살아 숨 쉬지 못하고

나의 시에는
그래서
영혼도 없네

시인과 사람

시인은
자기 詩를 쓸 줄만 알았지
남의 詩를
읽고 감상할 줄 모릅니다.

사람들은
열린 입으로
자기주장을
토해낼 줄만 알았지
열린 귀로 듣지 않습니다.

이 세상은
온통
일방통행식
자기 주장뿐입니다.

詩를 생산하라

제조공장에서
일정한 시간
동일한 제품을 생산하는
기계가 아닙니다.

플라스틱 제품을 생산하는 공장에서
똑같은 제품을 뿜어내는
사출기가 아닙니다.

나는
생각날 때
마음으로 느끼고
감동할 때
저 밑바닥 가슴에서
우러나오는

소외받고 고통받는
우리 이웃을 위해 소말리아를 위해
사랑으로 배신당한 우울증 환자를 위해
사회를 정화해야 하는

책무와 소명을 위해…

나는 詩를
당신이 원하는 대로
생산할 수 없습니다.

죄송합니다.

좌향좌 우향우

좌향좌 우향우
고등학교 교련시간에
제식훈련이 아닙니다.

정치판에서 고함치는
좌파와 우파
주류와 비주류

법을 다루는 기관에서 보는
우익세력
좌익세력

통치권자가 말하는
오른팔
왼팔

자기편에 서면
자기 사람
다른 사람 편에 서면
다른 사람

OX퀴즈 같지요.

나는
오른쪽 왼쪽도 아닌
오직 제3자의 입장에서
구경꾼이요
지나가는 행인이며
3류영화에 나오는 일당 1만원의
엑스트라일 뿐입니다.

詩가 좋아
詩를 쓰는 사람일 뿐입니다.

그리운 그믐날 밤

그믐날 밤
그 달빛 살며시
문틈에 스며들면
지워도 지워지지 않는
그리움 하나 있습니다.

그믐날 밤
그 달빛 살며시
화단에 곱게 핀
국화꽃에 내려오면
긴 한숨에 선명하게 떠오르는
이슬 맺힌 얼굴 하나 있습니다.

그믐날 밤
그 달빛 살며시
가슴 위로 올라오면
비워도 비워지지 않는
샘물 같은 가슴 하나 있습니다.

태워도 태워지지 않는
터질 듯한 그리움 하나 있습니다.

여자와 남자의 차이

남자는
떠날 때
뒤를 돌아보지만

여자는
떠날 때
뒤를 돌아보지 않는다.

나는 행복합니다

청년실업자, 지하철 역 노숙자
행려병자와 가출인
나하고는 아무 상관없습니다.

태풍이 불어도 눈보라 치고 비가 와도
아무 걱정 없습니다.

물가가 오르고 내리고
경제지표, 실물경제 등 신경 쓸 필요가 없습니다.

낮에는 식구들 다 외출한 후
햇볕 잘 들어오는 베란다에서
벌러덩 드러누워 망중한을 즐기다가
갈증 나면 물로 목을 축이고
배고프면 주인님이 정성 들여 차려놓은
나만의 식탁으로 가서
영양가 골고루 들어 있는 아침 겸 점심을 먹으면 됩니다.

나를 더없이 아끼고 사랑하는 오빠는
학교 파하면 곧바로 집으로 와서
나를 얼싸안아 줍니다.

나는 오빠가 집으로 올 때쯤
딩동, 딩~동 하는 소리가 들리면
문 앞으로 달려가서
몸을 꼬고 꼬리 흔들며 마중을 나갑니다.

또 퇴근 때면
언니, 아줌마, 주인아저씨 식구들 다
나를 귀여워해 줍니다.

나는 하루 25시간을 거실에서 생활하지만
외로움이나 우울증 따위는 없습니다.

일주일에 한 번씩
나를 운동시키기 위해
우리 집 주위에 있는
동천강변 산책로에 데리고 나갔을 때
무지무지 보고 싶었던
나와 같은 또래 남자친구인
영식이를 만났을 때는
빨리 가자고 나의 목줄을 끌어당깁니다.

또 한해를 보내며

훌훌
벗어던져야 한다

지금 우리는
S자가 드러누워 있는
커브 길을 지나
새로운 V자가 손짓하는
갈림길에 서 있다.

이제
떠나는 것들의
숨소리를 들어야 할 것이다.
새로운 내일을 위해-

기웃거리지 말일이다
그저
조용히 기다리는 일

한 해를 보내며
이제는

욕되게 살았던
과거라도 용서하리라

새로운 미래를 회복하기 위해!

단종, 이제 잠들다

⟨1⟩

　조선왕조 제6대 임금인 단종(1441-1457)
　조선왕조 518년 27명왕 가운데 유일하게 국상을 하지 못하고 억울하게 숙부인
　수양대군(세조)에게 왕위를 빼앗긴 뒤 심심산골 강원도 영월로 유배를 간다.
　길은 질퍽하고 비가 억수같이 와 눈앞을 가린다.

⟨2⟩

　그때 장례를 치러 주지 않았고 영월호장이었던 충신 엄흥도에 의해 현재의 장릉에
　임시 매장당하고 그 영혼은 그 땅에 안주하지 못한 채 지천으로 맴돌고 있었다.
　적막강산 구슬피게 우는 풀벌레 소리…

⟨3⟩

　올해 단종 승하 550주년 미란다 원칙을 고지했을까 억울한 누명을 쓴 단종

바람 불고 천둥 치는 날 단종에게 국장을 치러 주자 고명(승하를 알리는 의식)을 시작으로
관을 능에 안치하는 의식을 치러 주자

〈4〉

12세 왕위에 오르다 말고 무슨 죄가 있어 유배지에서 16세 어린 나이에 사약을 받았을까?
비운의 임금 단종! 이제 용서와 사랑으로 화합을 위해 반목과 갈등을 대물림할 수 없는
나라를 위해 그곳에서 고이 잠들다

〈5〉

일기예보!
날씨를 말씀드리겠습니다. 이번 주는 전국적으로 날씨가 맑겠습니다. 하늘 또한 구름 한 점 없겠습니다. 부산 태종대에 가면
대마도가 손에 잡힐 듯 훤히 보이겠습니다.
다만 독도 부근에서는 파랑주의보 발령합니다. 파도가 높아 다른 나라 선박이 접안할 수 없습니다.

언어의 유희

시인이여 언어의 유희를 즐기는 너!
너는 얼마나 모순 덩어리인가
네가 뱉는 말은 잘 포장되어
때깔이 고운 육우이다.

네 가슴의 진실을 위장하여
오늘 우리의 밥상은 구색을 그런대로
갖추긴 했다만 수저를 들 수 없구나.

관념과 관념 사이에서 신물 나는 그네 질
너의 진실을.
진실을 보여다오.

긍정의 힘

후천성으로 시력을 잃은
한 공중파 인간극장의
젊은 아낙은
己丑年 일출을 보며
소원 빌지 않아도
날마다 날마다
행복한 날이네

늘
긍정의 힘 하나로
신명나게 살아가고 있네

일출만이 아니라 일몰도 있다

새해 아침
떠오르는 일출을 보기 위해
사람들은 모인다

바닷가로
산꼭대기로
구름 떼처럼 모여든다

그러나
바다 먼 곳에서 떠오르는 소원은
作心三日이요.
산꼭대기 가까운 곳에서
튕겨 나오는 성취는 朝令暮改라는 것은 왜 모를까
모든 것이 순간이고 찰나라는 것을-

고개 돌려
서산마루 붉게 물들이며
일몰하는 태양을 보라
마치 휀리폰다와 캐서린 햅번이 주연한

황금 연못이 연상되어
황혼의 긴 여운을 남긴다

또 밤은 어김없이 찾아올 것이고

제3부

그 섬에 가고 싶다

己丑年 새해 福의 유감

새해 福 많이 받으세요
네 감사합니다.

나는 작년에
늦은 퇴근길 어두컴컴한 골목
전봇대 옆에서 아무도 모르게
노상방뇨도 하였고

무더운 여름
출근길 만원버스 입석한
바로 옆 의자에서
보채는 아기에게 엄마가
젖을 물린 모습을
가자미 눈으로 내려다봤습니다.

엉큼한 오리 궁둥이 생각을 한 늑대도
복 받을 자격이?

한국 찌아요팀

KBS 토요일
아침마당
15801에 4번

7세 한별 가족, 우리 딸이
내년에는 초등학교에
갑니다

사랑의 콩깍지
누가 뭐래도 당신이 최고야
아무것도 보이지 않아
내 눈에 그 사람만 보여
난-난 어쩌면 좋아

저는요
生面不知 중국에서 시집왔습니다

십 년 만의 외출

KBS 토요일
아침마당
15801에 1번

마이크 쥔 손
억센 50대 아주머니
딸 셋 6살 손녀 하나
덩실덩실
춤을 추고 노래합니다

자기야 사랑인걸
정말 몰랐네
자기야 행복인걸
이제야 알았네

너희들도
모진 세상 한번 살아보렴
나에게도
첫사랑이 있었고
신혼의 달콤한 행복도

맛보았다네

목구멍이 포도청이라
365일 연중휴무 없는
슈퍼마켓을 할 수밖에 없는
나의 운명 –

10년 만의 외출이지만
날마다 정이 터지고
날마다 행복하고
감사할 줄 알며
살아가는 행복종합병원

술과 물

술은 술
물은 물

기분 좋을 땐
술은 물이더라

오늘
난

물을 먹고 취했다
누가 뭐래도
물을 먹었다

양심을 파는 사람

속임수 쓰지 마세요
제발 좀
과일 한 소쿠리 5000원

위에는 싱싱하고
커다란 과일
수북이 올려놓고

밑바닥에는
작고 사나흘간 재고라

사람껍데기 보고
덥석 샀다가
큰코다쳤다

시골 촌로처럼
어수룩하게 분장했나?

띵꾸 이야기

우리 집 애완견 띵꾸
사실 나는 강아지를 싫어합니다.
왜냐하면
털이 날린다고
생각했기 때문입니다.

회사에서
스트레스받고 와도
쪼르르 달려와
꼬리 흔들고

기분 좋은 날
딩동-뎅 벨 소리 듣고
자다 말고
맨발로 뛰쳐나와 꽁지 들고

청단인지
홍단인지
분간 못하는 띵꾸

할 말 많은 요즘 세상
자기 P.R 시대
그저 주인님께 복종하는
시추 띵꾸는 행복합니다.

* 사실 나는 〈띵꾸〉를 〈띵구〉로 불렀습니다. 여태까지 이름도 잘 몰랐습니다. 우리 식구들이 정정하라고 외쳤습니다.

어찌보면 이기주의자

이 세상에는
세 가지 부류의 사람이 있습니다
하나는
출발하기 전에 생각하는 사람
둘은 뛰면서 생각하는 사람
셋은 뛰고 나서 생각하는 사람이지요

나는 정신 나간 야생 노루처럼
어디로 튈지 모를 럭비공처럼
아무 생각 없이 오직 회피만을 위해
질주 할 때가 있습니다

홍수로 불어난 강물에 빠져
허우적대는 익수자의
고함소리도 듣지 못하고

빈 여백

채워도
채워지지 않는

비워도
비워지지 않는
구멍 뚫린 공간

오죽했으면
피곤해서
빈손으로 갑니다.

아무것도
건지지 못하고-

소망

빈 주머니
채워 달라고
소망 비는 사람

여기
다 모였네

기축년 아침을
채우고 있네

소망이 뭔지?

들리는 소리

부부는
말이 없었다.
자갈밭을 거닐 때
자그락거리는
소리 들리더니
나즈막이 들려오는
포근한 숨결-

선탠한 남자

전천후 농구 경기장
바깥에 나갈 필요가 있을까
창고에 농구공 4개와
농구화가 그대로 있는데-

참 신기하다

주인공 상화와 치마 입은 친구는
자기는 넥타이 정장차림에
구두를 신고
종횡무진 골대로 향한다
모니터 화면 슛- 골인 3점 슛

방안에서 얼굴에 선탠하고 하는 농구
그것도 친한 친구랑!

어릴 적
멱감으며 옷 훌러덩 벗고
맨발로 바닷가를
뛰어다녔다는 생각!

요즘 아이들의 방학과는
동화 속의 전설 같은 일

참 세월이
살처럼 빠르게 지나갔네
잠시 하품하는 사이에-

* 2009. 1월 초순 중3 우리 상화 겨울방학 중

봄

겨울 외투 벗어
툭툭 터니
어느새 봄바람이
달려와
겨드랑이
살랑살랑
간지럽히네

무제〈1〉

참 기구한 인생이다
다리가 뭉개지면
예전에는
빈 볼펜 통속에
깁스하여
절룩거리고 다녔다만

이제는 한번 꺾어진 인생
윤회설은 웬 말인가?

지구를 떠나거라
깎아도 쓸 수 없는
몽당연필 병신아.

믿을 수 없는 세상

머리에 쇠똥이
덕지덕지 붙어 있고
코에는 누런 콧물이
들쑥날쑥
그것도 모자라
입으로 줄줄 빨아먹고
손잔등은
까마귀 보면 할배라

강산이 홱 변한 지금
오늘 동기회 가보니
놈들 많이도 늙었네
초등학교 같은 반 녀석도
세월 앞에 장사 없네

얼굴도 모르겠고
기억도 도통 없네

누구더라?

아무리 생각해도 생면부지
덜렁 건네 준 명함 한 장 보고
옛 생각 나고
보고 싶어 전화했더니
어디 책 장사 강매하거나
사업하다 실패해
보증 좀 서달라고
지레짐작했는지

나를 알고도 모르는 척
대충
전화기에 대고
여보시오- 여보시오-
하다가 뚝
전화 끊어버리네

이놈의 세상
정말 믿을 수 없네
세상도 변하고
사람도 따라 변하네

별별 여자

날마다 남편의 사랑을
한 소쿠리 담뿍 받고 사는 아내

일이 좋아 늘 자기 일에
발목 잡혀 사는 소위 말하는
전문직 여성

OO촌에 나가는 직업여성
(요즘도 있나? 잘 모르겠네)

s라인을 꿈꾸며 날마다 헬스장
출근하는 정회원님들과
눈이 높아 둘은
소화하지 못하는
개성 만점인 싱글 언니들

별별 여자 다 있지만 이웃을 위해
왼손이 하는 일을
오른손이 모르게

늘 헌신하고 봉사하며
작은 손길 보내는 아줌마 있네

오늘
별별 여자들한테 자기 결정권에
권익침해라 항의받겠네

남의 제사상에
밤 놔라 대추 놔라 간섭한다고

거제도

섬에
다리 놓는다고
육지 될까

이름은
그대로인데

그 섬
거제도

그 섬에 가고 싶다

그 섬에 가고 싶다
애미 뱃속과
연결된 탯줄을
뚝 자르니
이젠 섬이라

첫 옹알이를 하고
양수를 타고
유유히
바다로 떠밀려 간
그 섬에 한번 가고 싶다

이렇게 바람이
심하게 부는 날엔 -

차이가 있나요

노래 잘 부르고
못 부르고는 종이 한 장 차이

시를 잘 쓰고
못 쓰고는 깻잎 반장 차이

모두다
가수이고
시인인 것을…

잘한다고 힘주지 마세요
어깨 부러지네

제 눈에 안경

남자는
그 여자에게
자신의 존재를
과시하고 싶어 하는
욕망이 있네

그녀는 눈에
콩깍지가 끼고
거짓도 참으로
보이는
제 눈의 안경이었네

무제〈2〉

잠잘 때 드르렁드르렁
코를 골지 마시길

세상천지 모르고
잠을 자는 당신은
행복하시지만
옆에 있는 사람은
오만 잡생각에
신경이 쓰이고

이 생각 저 생각으로
긴- 긴 밤을
하얗게
보내고 있다는 것을…

고래 등 같은 집을
지었다가 헐었다가

e- 디지털 시대

손으로 쓰지 않습니다.
고민하고 억지로 돌리고
생각할 필요가 없습니다.

이 세상
참 편리합니다.

내 마음은
안에 있는 것이
아니라
배 밖에 나와 있습니다.

그냥
두드리면 열리는 세상

e-디지털 시대

지금 경제는 안 좋다

미국발 금융위기
그 여파로
온 나라가 들썩들썩
기업들 구조조정 소리도 들린다

그렇다고 위축되어
꾸부정하게 자라목되어
바지 주머니에 손 넣고
멍하니 다니지 말자

이 추운 날씨에
길가다 돌부리에 걸려
앞으로 덥석
꼬꾸라져 엎어지면
미처 손을 빼지 못해
면상에 퐂을 갈면

다른 사람들
대충 어림짐작으로
고주망태 되어 가다가

일쳤다고 오해할게 뻔하고

또한 부끄러워
얼굴 들고 다니겠는가
지금 경제는 안 좋다
이 사람아 -----

제4부

퇴근하는 길

봄비 내리는 날에

그 여인은 떠나가고
텅 빈 가슴에
추적추적
내리는 봄비

남쪽에서 떠밀려온
하얀 목련
고개 떨구어 울고 있네

그리운
하얀 얼굴 하나
적셔 드는
봄비 내리는 날에

보리밭을 바라보다

풀색이 파랗다고
나를 풀과 같이
빈손으로 보지 마라

겉보기엔 쭈빗쭈빗한
밉살맞은
고슴도치처럼 보이나

이래봬도
난 속이 꽉 찬 놈!

풀은 풀로서 남에게
주지도 베풀지도 않고
독야청청 홀로
생명을 다 하지만

나는 굶주리고
허기진 자를 위하여
아깝지 않은
황금 같은 나의 영혼을
기꺼이 던지고야 마는…

이천 갯마을 이야기

부산 기장군 일광면 이천리
바람결에 나지막이
서쪽 저 멀리서
기차 소리 들려온다.

돌각담 밑에 더께더께 붙은
돌각담 사이로
동해파도 찰싹이고

낡은 삿갓 옹기종기 엎딘
초가 스무 채 귀퉁이를 돌면
멸치 후리막이 있고
웃통 벗은 사내들은 품팔이로
이엉차 소리 내며
훌훌 멸치를 터네

스물세 살 청상과부 해순이
맘씨 좋은 성구에게
그래도 수줍어라
고개 떨구어

살포시 시집을 가네.

아이고 이게 무슨
운명이고
남편은 먼 바다에서
높은 풍랑으로 실종되어
기다려도 쭈그리고 기다려도
아~아
집으로 영영 돌아오지 않네

먼-바다 바라보며
지친 해순아
이제 상처한 상수에게
그 해 그믐날 밤
몸을 허락하네

또 그와 재혼을 하고
아픈 상처를 씻고
첩첩 산골 마을에서
행복하게 새 출발을 하네

이게 또 무슨 날벼락이고
상수마저 징용에 끌려가서
또 돌아오지 않네

갯내음 짭조름한
이천 갯마을!

동해 바다가 풀죽어
포구로 모이는 그곳
이천 갯마을로…

해순이
한 많은 옷 보따리 머리이고
고개 떨구어 터벅터벅
고무신도 벗겨지는 줄
모르고 맥없이 다시 돌아가고 있네

해는 서쪽에 걸려 있고
늘어진 그림자

끌려가고 있네

기차는 꼬리 물고
해안가를 돌고 있네

* 09.4.26 오영수의 단편소설 〈갯마을〉의 무대 부산 기장군 일광면 이천리 바닷가에서 현문회 문학기행

간이역

역무원 한나절
깜빡 졸아도 상관없는
00 간이역

급행열차도
이 간이역을 아지랑이 따라가다
쉬는 시간을 잊어버리고
느슨하게 정차 않고
그만 지나가 버렸다네

호주머니 손 푹 찔러넣고
세상물정 모르는 허접한 이 사람아

다음 완행열차는
2시간을 기다려야 도착한다네

역사 처마 끝
왕 거미는 봄 이슬
거미줄에 거꾸로 매달려
한가로이
오수를 즐기고 있는데

인생 〈1〉

인생은 무한한
미지의 세계에 대하여

도전하고 때론 성공하며
실패하고-

또
배신당하고 상처받는
한 과정이 아닌가?

좌천역에서

쭉 뻗은 철로

저 철길 따라온 사람들
제시간에
그리운 사람 만나네

그 길 따라
달려온 사람
그 길 따라
홀연히 떠나네

만남이 있고
헤어짐이 있네

그런데 저 철로는
처음부터 영원까지
만남도 헤어짐도 없네
오직
기다림만 있을 뿐이네

견우직녀가
칠월 칠석날 은하수 타고
삼백예순날 하냥
한 번이라도 만나듯

평생
단 한 번이라도
손 없는 날 둘이
저만치서
만날 수는 없을까

너 없으면 못 산다고
바늘과 실이라고
사랑 속삭이며
저렇게 서로 누워
얼굴 바라보고 있는데…

* 현문회 문학기행에서 돌아오는 길에

죽성리 황학대

진실을 고하고자
광해군에게 죄상의 상소문
올렸더니
턱도 없는 소리, 바로 유배라

1618년 그해 겨울
파랑이 거칠게
죽성리 해변을 철석이던 날
경원에서 풀죽어
이배 되어 오네

아- 고산아
유배생활 20년과
19년의 은거생활에
고난과 파란만장한 생에
점철된 사람아!

그중에서
갈매기와 파도 소리
바다 위에 그림처럼 떠 있는
저- 섬들이
너의 시름 달래기에

그다지도 좋더냐?

등 뒤 버티고 있는
봉대산의 약초는
너의 외로움을 치유하는데
효험이 있더냐?

너가 후미진 곳에서 떠돌다
완성한 40수의
어부사시사를 한번 보자

---우는 것이 뻐꾸기인가
푸른 것이 버드나무 숲인가
노 저어라 노 저어라
지국총,지국총(어기여차, 어기여차)

저기 왜성 옆 언덕배기 쪽에
30여 그루의 해송이 있고
바로 옆에 그림처럼
황학대가 아련히 보이네

* 고산 윤선도가 무려 7년간이나 유배생활을 했던 죽성리 황학대에서

밤길

사방이 어둡다
오로지
어둠만이 있을 뿐이다.

사람들은 보이지 않고
멀리서 비춰지는
별빛만이 있을 뿐이다.

누가 밤길을 걸을 때
외롭다 하지 않았나

어디 사람이 산다는 것이
밤길처럼
저 별빛 따라가는 것인지
희미하게 보이는
저 불빛 따라가는 것인지
가늠할 수 없구나

너는 오로지
어둠을 가르며

침묵하며 걷는구나

우리가 함께
가야 할 길이
이 밤길이라면
걸쳤던 외투
벗어던지고 누가
동반자 되어 가겠는가

그대 오색찬란한
아름다운 낮을 즐기는가

넌 누가 뭐래도
이 밤길을 촘촘히
흘러내린 별을 따라가야 하나?

무거운 외투 훨훨
벗어 던지고 숙명처럼 가야 할 사람.

아무도 보는 사람 없네.

부엉이 바위에 오르다

김해 봉하마을
뒷산에
부엉이 바위 있다

그믐날이면
둥지 떠난
부엉이 한 마리
구슬프게 울고 있네

그 우는 소리
사자바위에 메아리쳐
되돌아오네

삶과 죽음은 하나
네 무거운 짐 지고
새 보금자리 찾아
길 떠나도

부엉이

두 눈 부릅뜨고
떡 버티고 선
이 바위 되리니

미안해하지 마라

버림받고 소외당한
포괄적 뇌물
뒤집어쓴
억울한 사람들아!

여기 와서
푹 쉬다 가게나
부엉이 바위가
반석 되리니

(날씨 맑음)

저기

사람이 지나가네

뇌물 먹은

사람도 지나가네…

* 온 국민과 함께한 서민적인 고 노무현 대통령님은 우리의 가슴에 영원히 남을 것 입니다. 근심 걱정 없는 곳에서 편히 쉬소서

사랑의 연속성

사랑이
식은 자리에는

어김없이

또

새로운
사랑이 싹튼다.

사랑이란
녀석은

참

지독하다-

거제 예찬

내 고향은 거제도예요
지금은 다리가 있어
섬이라고 말할 순 없지만
거제도는
원래 섬이에요

사람의 성씨가
살아가면서
이 씨가 김 씨 되고
박 씨가 김 씨 될 수 없듯이
거제도는 섬이에요

사람들은
그 섬에 다리를 놓아
섬이 육지 되고
법원판결로 다른 성씨가
또 다른 김 씨로 되는 세상
권력과 돈과 문화만 있으면
단일 민족이 다문화 세상을 이루고
아날로그가 디지털이 됩니다.

처음부터

육지가 아닌 그곳은
섬이에요

그 섬 거제도
비릿한 바다 냄새 나는
내 고향 거제도

거가대교가 완공되면
또 다른 사람들이 찾아와
다문화를 이루겠지요

육지를 구경할까?
섬을 구경할까?

즐거운 비명에
몸살 하며
후세를 위해
그래도
섬이라고
우기면서 버티겠지요.

내 고향은 거제도예요

의사와 상인

아내가 한 10여 년 만에
독감 걸려 병원가니

소위 이름난 곳
환자에게 탐탁지 않게
생각한다. 왜냐하면

의사선생 왈
무슨 위장병검사나
간검사 등을 해야
돈이 되는데 말이야
감기환자는 별로 남는 게 없어서-

무슨 이런 세상이 다 있노
자본주의 세상에서
물론 돈이 최고지
의사이기 이전에
장사이고 상인인데-

나는 오늘 우연히

EBS에서 古장기려 박사를 만났다
히포크라테스 선서에 따라
자신은 옥탑방에서
평생 생활하며
사랑과 봉사 희생정신으로
극빈층에서 몹쓸 병에 고통으로
신음하며 소외받는
우리 이웃을 위해 평생을
인술을 베풀다가
홀연히 한 줌의 흙으로 가셨다는 것을

아- 의사라는 사람도
두 가지 부류가 있구나
오직 돈 하나만을 벌기 위한 상인과
환자를 자기 몸처럼
사랑하는 진정한
의사선생님이 있다는 것을-

저기 길이 있네

길은
떠나라고 있는 것이다.

여기에서 살다
정 붙이지 못하면

저 길을 따라
다른 곳으로
떠나면 되는 것이다.

저기 길이 있네
정떨어져서 가는 사람

집 떠난 사람도
고향이 그리워

다시
그 길을 따라
돌아오네

길은
나가고 들어가는
통로이네

한 곳에
머물지 않는-

가난하게 산다는 것

가난하게
사는 것은 행복이다.

다만
기가 죽어 사는 것
뿐이다.

겉으로는 안 그런 척
손사래 쳐도
결코 기가
죽는 것이다.

누가
가난을 불편하다 했는가

어찌 보면
기가 죽어 살며

소경과 벙어리 되어
꼬리 바짝 내리고

사는 것이
행복일지도 모른다.

가난!
결코 비껴갈 수 없다면
즐겨라

부자가 천국 가기란
낙타가 바늘구멍 들어
가기보다

힘들지 않은가?

담쟁이넝쿨을 보며

하루 등락을 거듭하며
오르락내리락 거리는
코스피 지수를 보라

내릴 때 무릎에 사서
오를 때 가슴에 팔면
부자 되기란 간단한 일

오르막 있으면
내리막 있으리

눈에 빤히 보이는 그래프는
때론 자기 자신을
낮추어 겸손할 줄 알고
시장 바꿔 봐 가면서
서서히 기어올라갈 줄도 안다

너는 어찌하여
욕심이 목구멍까지 차서
담벼락에 찰싹 붙어

내려오지도 않고
기어올라만 가고 있는가

그런다고 다
내 담벼락이 아닐 텐데

때론 긍정으로 양보하며
사는 것을 배우지 않고
늘 공격만 하는 담쟁이넝쿨

하늘 높은 줄 모르고
끙끙거리며
기어올라만 가고 있으니

기다리기

생각만 해도
가슴 설레게 하는 님아

부끄러워
고개 내밀지 못합니다.

생각만 해도
아름다운 꽃이 되는 님아

저 푸른 창공으로
그리움의 날개 달아
솟구칩니다.

기다려서 더 크게
그리움으로
향기나는 님아

내 가슴에
날개를 달고

그 사랑을
가득 채우렵니다.

후회

후회는 선택할 수
있었는데
잘못된 결정을
했을 때 하는 것

결코
돌이킬 수 없는 것

아픈 상처이고
돌아갈 수 없는
과거라는 것

사탕과 사랑에 대하여

사탕을 먹어보지
아니한 사람은
입 안 가득
그 새콤달콤한
단맛을 모른다

사랑을 해보지
않은 사람은
가슴으로 느끼는
짜릿한 전율을
느끼지 못하는
무덤덤한 사람

아무리
사탕이라 우겨도
입에 넣어
달지 아니한 것은
사탕이 아니고

가슴이 아니라

입으로 천 번 만 번
사랑한다 말하여도
그것은
사랑이 아니다.

육교가 있는 풍경

사람들은
시선을 두지 않고

종종
걸음으로
바쁜 시간 속을 걸어간다.

석양 아래 육교는 울고
있었다.

쭈그려 앉아 있는
10대 소년의 손바닥
위에는

달랑 50원짜리 동전 하나!

제 갈 길을 찾지 못해
안절부절하고

작은 미풍에도

놀란 가슴으로
파르르 떨고 있네

외·톨·이·되·어

천재와 바보

보는 것 듣는 것마다
까먹지 않고
줄줄 외는
똑똑한 사람은 천재

반복하고
또 반복해도
하나도 이해할 수 없는
마냥
행복한 사람은 바~보.

태양을 향해 날자

뜨거운 열정의 날개가 있다면
저- 창공의 눈부신
태양을 향해 날아갈 수 있으리

아 오랜 망설임
반복되는 무거운 일상 훌훌 털고

이제 꿈과 희망을 안고
새로운 소망을 위하여
진리의 횃불을 들고
힘차게 출발을 하자

눈이 부시도록
주경야독의 피를 토하며
저 높은 하늘과
미래를 향해 세계를 향해

접었던 지혜의 날개를 펴자
저 태양을 향해 날자.

퇴근하는 길

퇴근하는 길은 언제나
출근하는 길보다 가깝다.

빈 공터를 지나
가파른 언덕길을 오르다 보면
아무렇게나 뒹굴던 돌멩이 하나
언제나 별빛에 반사되어 빛난다.

아내가 정성 들여 만든
구수한 된장찌개 냄새가
코끝을 맴돌 때
나의 퇴근길을 더욱 가깝게 하고

칠흑 같은 어둠이
 하늘에서 내려와
길섶에 버티고 선 낯익은
전봇대만 희미하게 보여도
반가웠다.

퇴근하는 길은

늘 반복되고
같았지만
내 마음에 있어 늘 새롭고
싫증나지 않는 길.

그곳은
언제나 내 마음 한복판에
새롭게 뚫린 길
내 사랑하는 아내와 둘이서라면
출출한 가슴과
지친 피로를 잊어도 좋을
가정은 언제나
내 마음의 안식처였다.

우리 어머니

대나무 마디처럼
군더더기 살
마디마디 붙은 손

손가락 잘리듯
고통 참아가며

육십 년 멀고 험한 길
기꺼웁게 걸어오신 길

새벽부터 등 너머 밭
푸성귀 소쿠리에 담아
시오리 길 오일장 걸어
보릿고개를 넘고-

보리쌀 삶아 삶아
죽으로 이어온 나날

되돌아 생각하면
냇가의 돌멩이처럼

밤하늘의 별처럼
고생담이 하도 많아
가슴이 메어지는데

이제
남겨놓은 세월들을
비 온 뒤에 무성한
수풀 바라보며

한 오백 년 천 년을 더
학처럼 누리시며
살아가소서.

그림과책 시선 101

퇴근하는 길

초판 1쇄 발행일 _ 2010년 5월 27일

지은이 _ 김현수
펴낸이 _ 손근호

펴낸곳 _ 도서출판 그림과책
출판등록 2003년 5월 12일 제300-2003-87호

110-814 서울 종로구 무악동 63-4 송암빌딩 210호
　　　　도서출판 그림과책
전화 (02)720-9875, 2987 _ 팩스 (02)720-4389
도서출판 그림과책 homepage _ www.sisamundan.co.kr
후원 _ 월간 시사문단(www.sisamundan.co.kr)
E-mail _ munhak@sisamundan.co.kr

ISBN 978-89-90897-06-0 (03810)

값 8,000원

◆ 잘못된 책은 교환해 드립니다.
◆ 저자와의 협의로 인지는 생략합니다.